Début d'une série de documents en couleur

Couverture inférieure manquante

ÉTUDE SUR LA DATE

DE

L'ÉGLISE DE SAINT-GERMER

PAR

Eugène LEFÈVRE-PONTALIS

ANCIEN ÉLÈVE DE L'ÉCOLE DES CHARTES
BIBLIOTHÉCAIRE DU COMITÉ DES TRAVAUX HISTORIQUES

Extrait de la *Bibliothèque de l'École des chartes*,
t. XLVI, 1885, p. 478-495.

PARIS
1885

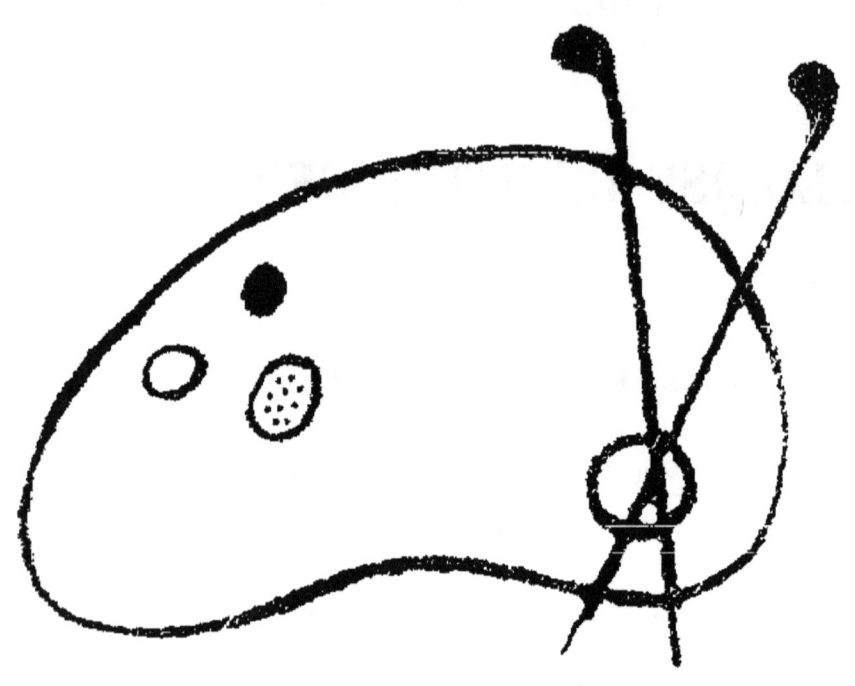

Fin d'une série de documents
en couleur

ÉTUDE SUR LA DATE

DE

L'ÉGLISE DE SAINT-GERMER

PAR

Eugène LEFÈVRE-PONTALIS

ANCIEN ÉLÈVE DE L'ÉCOLE DES CHARTES
BIBLIOTHÉCAIRE DU COMITÉ DES TRAVAUX HISTORIQUES

Extrait de la *Bibliothèque de l'École des chartes*,

t. XLVI, 1885, p. 478-495.

PARIS

1885

ÉTUDE SUR LA DATE

DE

L'ÉGLISE DE SAINT-GERMER

Si l'âge de la plupart des grandes cathédrales françaises ne fait plus aujourd'hui l'objet d'aucune controverse, grâce à la découverte de documents qui déterminent avec précision l'époque où elles furent construites, il n'en est malheureusement pas de même d'un grand nombre d'églises abbatiales de la France, dont la date ne peut être fixée que d'une manière approximative d'après les caractères généraux de leur architecture. Parmi les édifices religieux de cette dernière catégorie, il en est un sur lequel les archéologues ont émis bien des opinions contradictoires, c'est l'église de Saint-Germer[1], qui a été attribuée tantôt au xie, tantôt au xiie siècle. Il nous a paru intéressant de reprendre la question de la date de ce monument, après avoir eu l'occasion de visiter un grand nombre d'églises rurales du Vexin, du Beauvaisis, du Soissonnais et du Laonnais antérieures au xiiie siècle. Mais, avant de développer les raisons qui servent de base à notre opinion, il convient d'exposer d'abord les conclusions des études dont l'église de Saint-Germer a déjà été l'objet.

C'est en 1841 que l'édifice fut attribué pour la première fois au xie siècle par M. Graves, dans son *Précis statistique sur le canton du Coudray-Saint-Germer*[2]. « Cette église, dit-il, est intéressante comme monument historique par la brièveté du chœur comparé à la nef, disposition exceptionnelle dans les constructions du xie siècle..... Elle a été commencée vers 1030 : le chœur paraît avoir précédé la nef et celle-ci a dû précéder l'an-

---

1. Oise, arr. de Beauvais, cant. du Coudray-Saint-Germer.
2. *Annuaire de l'Oise*, 1841, 2e partie, p. 76.

cienne façade, à en juger par les quatre piliers qui ont survécu à la dévastation de 1400. » Quinze ans plus tard, en 1856, le même auteur n'avait pas changé d'avis, car on rencontre la phrase suivante dans un autre de ses ouvrages : « L'église de Saint-Germer, qui date de la première moitié du xi⁰ siècle, a la lourdeur et les ogives disgracieuses des constructions normandes du même temps¹. » M. l'abbé Corblet adopta en 1842 l'opinion émise par M. Graves et s'exprime à ce sujet de la manière suivante: « Drogon, 41⁰ évêque de Beauvais, grand bâtisseur de moûtiers, fit réédifier l'abbaye et y établit des bénédictins de la congrégation de Saint-Maur. Ce fut par ses ordres que fut érigée, l'an 1036, l'église abbatiale que nous devons décrire². » En 1873, le même auteur a maintenu son assertion quand il fait observer qu' « en Picardie on voit plusieurs monuments du xi⁰ siècle où apparaît déjà l'arcade ogivale, et que le plus remarquable est l'église de Saint-Germer de Flay (Oise), qui date de l'an 1036³. » Dans le cours de l'année 1847, deux autres archéologues furent également du même avis. M. l'abbé Cochet⁴ pense « que Saint-Germer date de 1036 » et M. l'abbé Bourgeois admet que « l'église de Saint-Germer a été bâtie dans la première moitié du xi⁰ siècle sur un plan invariable et bien conçu⁵. » M. Eugène Woillez a été moins affirmatif en 1849 : « Il est évident, dit-il, que le chœur et les transepts ont été construits avant la nef. C'étaient sans doute les parties édifiées du temps de l'historien Guibert, vivant comme on sait à la fin du xi⁰ et dans la première partie du xii⁰ siècle. » Et plus loin : « Il faut reconnaître que le plan de l'édifice, et surtout celui de sa partie orientale, peuvent bien dater de 1060, mais qu'il faut laisser indécises les dates de l'édification et de l'ornementation du reste de l'œuvre entre cette époque précisée par l'histoire et la seconde moitié du xii⁰ siècle⁶. »

1. *Notice archéologique sur le département de l'Oise*. Beauvais, 1856, in-8⁰, p. 359.
2. *Description historique de l'église et de la chapelle de Saint-Germer de Flay*, article inséré dans les *Mémoires de la Société des antiquaires de Picardie*, 1ʳᵉ série, t. V, 1842, p. 179.
3. *Manuel élémentaire d'archéologie nationale*, 2ᵉ éd. Paris, 1873, in-8⁰, p. 192.
4. *De l'ogive et du plein cintre*. Cf. *Bulletin monumental*, t. XIII, 1847, p. 390.
5. *Bulletin monumental*, t. XIII, 1847, p. 61.
6. *Archéologie des monuments religieux de l'ancien Beauvaisis pendant la*

En 1862, M. Daniel Ramée et M. Emmanuel Woillez ont fait des remarques analogues ; le premier auteur est d'avis que l'église de Saint-Germer, « commencée à la fin du xi° siècle, n'a été terminée qu'au xii° [1], » et le second s'est borné à faire remarquer que « cet édifice du xi° au xii° siècle présente des particularités architectoniques remarquables [2]. » Enfin, il y a quelques années, en 1879, M. Édouard Fleury, qui a toujours été porté à reculer la date des monuments dont il a parlé, même accidentellement, dans son ouvrage, admet que « le style dit de transition, c'est-à-dire le mariage du vieux plein cintre et de la jeune ogive, ne date pas du xii° siècle, mais du xi°, puisqu'il se manifeste dans l'église de Saint-Germer de l'Oise, bâtie en 1036 [3]. »

Malgré des affirmations aussi catégoriques, nous avons eu la curiosité de rechercher le texte sur lequel s'appuyait l'opinion de ces divers auteurs. Il était facile de reconnaître à première vue que ce n'était pas un document bien précis, puisque M. Graves fixait la date de la construction de l'église à l'année 1030, M. l'abbé Corblet à l'année 1036 et M. Woillez à l'année 1060. En effet, voici le fait historique invoqué par ces trois archéologues. Dans le cours de l'année 906, l'abbaye de Saint-Germer de Flay avait été ruinée de fond en comble par les Normands, et elle était encore complètement abandonnée plus d'un siècle après ce désastre quand Drogon, évêque de Beauvais, entreprit de la restaurer en y installant des religieux de l'ordre de Saint-Benoît [4]. Or Drogon, qui n'est mentionné dans aucune charte avant l'année 1035, mourut vers 1058. Ces deux dates ne sont pas très précises, mais on sait d'une manière positive que le prédécesseur de Drogon, Garin, cessa de vivre le 6 novembre 1030, et que son successeur Guilbert était évêque de Beauvais en 1059, puisqu'il est mentionné dans une lettre écrite à cette époque par le pape Nicolas II

---

métamorphose romane. Paris, 1839-1849, in-folio. Monographie de Saint-Germer, p. 18.

1. *Histoire générale de l'architecture.* Paris, 1862, in-8°, t. II, p. 870.
2. *Répertoire archéologique du département de l'Oise,* colonne 44. En 1842, M. Emmanuel Woillez, dans ses *Études archéologiques sur les monuments religieux de la Picardie,* n'avait pas hésité à attribuer l'église de Saint-Germer au xi° siècle. *Mémoires de la Société des antiquaires de Picardie,* 1re série, t. VI, p. 238.
3. *Antiquités et monuments du département de l'Aisne.* Paris, 1877-1882, 4 vol. in-folio. T. III, p. 116.
4. *Gallia christiana,* t. IX, col. 787.

à l'archevêque de Reims[1]. On peut donc considérer les années 1030 et 1059 comme les limites extrêmes de l'épiscopat de Drogon. Nous ne saurions expliquer pourquoi M. Graves a choisi la première de ces dates et M. Woillez la seconde, à une année près, pour fixer l'époque de la construction de l'église de Saint-Germer. Cependant nous ne serions pas étonné que M. Graves se soit laissé entraîner par le désir d'attribuer une très grande antiquité à l'édifice, de même qu'il avait pris pour une œuvre du VIIIe siècle la curieuse façade de l'église de Trie-Château (Oise), qui porte l'empreinte du style en usage dans la première moitié du XIIe siècle[2]. M. Woillez, beaucoup plus prudent dans ses conclusions, n'osa pas rejeter la tradition qui considère l'église actuelle comme l'œuvre de Drogon, mais il s'efforça du moins de reculer la date du monument jusqu'à la dernière année de la vie de l'évêque, car il s'est parfaitement rendu compte des objections qui pouvaient être opposées à sa doctrine. Quant à l'opinion de M. l'abbé Corblet, elle s'appuie sur le passage suivant du *Gallia christiana*[3] : *Monasterium Flaviacum à Rollone anno 906 usque ad solum destruitur, religiosisque defunctis et profugis desertum et incolis vacuum centum et trigenta annis mansit, dum pacatis regni dissidiis Droco episcopus, ut Nicolai mentem assequeretur, de restituendo Flaviaco sedulo cogitavit quod S. Geremari nuncupari voluit.* Cette phrase fixe bien la date du rétablissement de l'abbaye à l'année 1036, mais on remarquera qu'elle ne renferme aucune mention de l'église, et, quand même on y trouverait en propres termes que Drogon fit reconstruire l'église et les bâtiments monastiques, il resterait encore à prouver le point le plus important, à savoir que l'édifice bâti en 1036 est bien celui qui s'élève actuellement au centre du village de Saint-Germer. Le raisonnement de M. l'abbé Corblet peut se résumer ainsi. Le *Gallia christiana* nous apprend que Drogon installa des religieux à Saint-Germer en 1036; or il est probable que les moines s'empressèrent de rebâtir l'abbaye et l'église aussitôt après leur arrivée; d'un autre côté, les chroniques ne mentionnent aucune construction

---

1. *Gallia christiana*, t. IX, col. 708.
2. *Précis statistique du canton de Chaumont-en-Vexin*, notice insérée dans l'*Annuaire de l'Oise*, année 1827, p. 310.
3. T. IX, col. 787.

d'église à Saint-Germer pendant le moyen âge; donc le monument actuel est contemporain du rétablissement de l'abbaye. Un semblable système peut conduire très loin; appliquons-le par exemple à une église voisine de Saint-Germer, celle de Saint-Étienne de Beauvais. Le *Gallia christiana* rapporte qu'en 997 l'évêque Hervé jeta les fondements de l'église de Saint-Étienne [1], or les historiens gardent le silence sur les travaux exécutés postérieurement à cette date, donc l'édifice remonte à l'année 997. On se trouverait amené de cette manière à faire remonter au xe siècle une église dont les parties les plus anciennes, suivant l'opinion de tous les archéologues [2] et de M. l'abbé Corblet lui-même [3], ne sont pas antérieures au premier quart du xiie siècle. Il nous paraît bon de rappeler à ce sujet le conseil que Jules Quicherat donnait à ses lecteurs en terminant l'article où il établissait d'une façon si judicieuse l'âge de la cathédrale de Laon. « Puisse le nouvel exemple que nous venons de produire rendre les archéologues plus circonspects lorsqu'ils font l'application des témoignages écrits aux monuments [4]. »

S'il est impossible de prouver qu'on construisit dès l'année 1036 une grande église à Saint-Germer, on est du moins certain de l'existence d'un édifice religieux dans l'enceinte de l'abbaye à la fin du xie siècle. Le témoignage de Guibert de Nogent ne permet pas d'élever le moindre doute à cet égard. Cet historien de la première croisade, auteur des *Gesta Dei per Francos*, né en 1053 à Clermont-en-Beauvaisis et mort en 1124, fut moine à Saint-Germer dès l'âge de onze ans, en 1064. Il y reçut les leçons de saint Anselme et séjourna dans l'abbaye jusqu'au jour où il fut nommé abbé du monastère de Nogent-sous-Coucy, en 1104 [5]. Dans le premier livre de l'ouvrage, qui renferme sa propre biographie, il rapporte un grand nombre de faits dont il fut le témoin pendant son séjour à Saint-Germer. Un de ceux qui paraissent avoir produit sur son esprit la plus grande impression

---

1. *Gallia christiana*, t. IX, col. 704.
2. Viollet-le-Duc, *Dictionnaire d'architecture*, t. III, p. 254 et 263; t. IV, p. 289; t. VII, p. 133.
3. *Manuel élémentaire d'archéologie nationale*, p. 210.
4. *Bibliothèque de l'École des chartes*, t. XXXV, année 1874, p. 254.
5. Tous les biographes de Guibert pensent qu'il fut nommé abbé de Nogent dès l'année 1104; néanmoins les auteurs du *Gallia christiana*, t. IX, col. 607, ont proposé la date de 1105.

est l'accident causé par un coup de tonnerre qui vint foudroyer deux moines dans le chœur de l'église. Le passage relatif à cet événement mérite d'être cité tout entier, car il renferme des renseignements utiles à connaître pour comprendre les dispositions de l'édifice contemporain de Guibert. L'auteur, après avoir raconté que les moines se réfugient dans l'église au commencement de l'orage, ajoute : *Ictu ruente grandisono fulminis hoc modo penetratur ecclesia. Gallum qui super turri erat, crucem columque aut dispergit, aut cremat, trabem cui haec insidebant debilitat, et scindulas clavis affixas semiurendo convellens per occidentalem turris vitream intrat. Crucifixi Domini imaginem subter stantem, illiso usque ad ruinam capite fixoque latere dextro, frangit, non ustulat, dextrum vero brachium et crucis et imaginis sic urit et truncat ut praeter manus pollicem de toto brachio quippiam nemo reperiat..... Dextorsum enim per arcum, cui percussa imago suberat, flamma labens in cemento arcus descendendo bifurcam nigredinis rigam facit, et in chorum perveniens duos hinc et inde arcus stantes monachos percutit et in momento exanimes reddit*[1]. Il convient d'insister sur tous les détails précédents, car le fait dont parle Guibert de Nogent n'a pu avoir lieu qu'entre 1064 et 1104, pendant son séjour à Saint-Germer. Remarquons d'abord combien le récit de l'auteur s'appliquerait mal à l'église actuelle de Saint-Germer, qui conserva ses trois clochers jusqu'au milieu de la guerre de cent ans[2]; or, Guibert ne parle que d'un seul clocher, *gallum qui super turri erat*, et s'il y en avait eu plusieurs à l'époque où il était moine de l'abbaye, il n'eût pas manqué de distinguer des deux autres tours celui qui livra passage à la foudre. Cette observation nous conduit à rechercher quelle était la place occupée par le clocher de l'église qui existait à Saint-Germer au xie siècle. D'après les renseignements fournis par Guibert, il est

1. Guibert de Nogent. *De vita sua*, l. I, ch. xxii. — D'Achery. *Venerabilis Guiberti abbatis B. Mariae de Novigento opera omnia*. Paris, 1651, in-folio, p. 483.

2. En effet, c'est en 1400 que les deux clochers de la façade furent détruits; le troi-ième clocher, remplacé aujourd'hui par une flèche en charpente bâtie en 1754, s'élevait au-dessus du carré du transept. Graves, *Précis statistique du canton du Coudray-Saint-Germer*, p. 76, inséré dans l'*Annuaire de l'Oise* de 1841.

évident que cette tour s'élevait près du chœur, puisque les deux moines furent atteints par la foudre dans le sanctuaire. M. Woillez, après avoir cité la traduction du passage dont nous avons donné le texte, suppose que ce clocher était bâti « très probablement à la place du clocher actuel en charpente, placé au centre de la croix du plan de l'église [1]. » Cette hypothèse nous semble bien difficile à justifier; la tour mentionnée par Guibert n'était pas une simple flèche en charpente, mais un véritable clocher en pierre avec des baies, puisqu'il parle d'une fenêtre vitrée de la tour, *vitream occidentalem turris*. Or, il n'y a dans la région aucun exemple d'un clocher en pierre du xie siècle bâti sur le carré du transept, même dans les plus grandes églises de cette époque, telles que celles de Morienval (Oise) et d'Oulchy-le-Château (Aisne). On ne construisit aucune tour centrale dans le Beauvaisis avant le premier quart du xiie siècle et l'une des plus anciennes est celle dont on voit encore la base sur le transept de l'église Saint-Étienne de Beauvais. Pendant tout le xie siècle, et par conséquent entre 1064 et 1104, période où se place le fait rapporté par Guibert, le carré du transept de ces églises situées dans les bassins de l'Oise et de l'Aisne n'était jamais voûté; il était toujours circonscrit entre trois grands arcs en plein cintre isolés [2] et l'arc triomphal du chœur. Cette disposition s'est conservée encore intacte dans les vastes églises de Montmille, de Saint-Léger-aux-Bois (Oise) et de Saint-Thibauld de Bazoches (Aisne), qui remontent au xie siècle. Les architectes qui élevèrent des édifices religieux dans la région à cette époque n'étaient pas assez hardis pour bâtir à Saint-Germer un clocher de huit mètres de largeur au-dessus du transept [3], ils avaient toujours soin d'établir les constructions de ce genre, soit sur la façade, comme à Estrées-Saint-Denis (Oise), soit à côté du chœur, à l'extrémité de l'un des collatéraux. Ce dernier emplacement avait l'avantage de donner à la tour une grande solidité, puisque sa base reposait directement sur le sol, et c'est suivant ce système que furent élevés au xie siècle les clochers de Rhuis et de Morienval (Oise), de Rétheuil et d'Oulchy-le-Château (Aisne).

---

1. *Archéologie des monuments religieux de l'ancien Beauvaisis*. Monographie de Saint-Germer, p. 9.
2. Ces arcs étaient destinés à supporter les entraits de la charpente.
3. Cette mesure est celle des côtés du carré du transept dans l'église actuelle.

Il est donc fort légitime d'admettre que l'unique clocher de l'église qui existait du temps de Guibert à Saint-Germer était une tour latérale construite à côté du chœur. Quelques autres détails donnés par Guibert viennent encore confirmer notre opinion. L'auteur rapporte que la foudre, après avoir brûlé les lattes de la flèche en charpente, entre dans l'église par une baie vitrée du clocher placée du côté de l'occident, *scindulas clavis affixas*[1] *semiurendo convellens per occidentalem turris vitream intrat*. Si le clocher avait été placé au-dessus du transept, la foudre aurait pénétré dans l'église aussitôt après l'incendie de la toiture, et l'expression *per vitream occidentalem* serait incompréhensible. Le récit de Guibert s'explique au contraire fort aisément si l'on se place dans l'hypothèse d'une tour latérale. En effet, toutes les constructions de ce genre bâties au XI° siècle dans le nord de la France se composent de plusieurs étages percés de baies ; l'étage inférieur, qui présente sur chacun de ses côtés une ouverture en plein cintre, est adossé à la dernière travée de la nef ; il en résulte que trois de ses baies communiquent avec l'extérieur ; quant à la quatrième, elle est garnie d'un vitrail et forme la fenêtre de la nef la plus rapprochée du chœur. Cette disposition, qu'il est facile de constater en visitant l'église de Rhuis[2], près de Verberie (Oise), existait certainement dans les églises de Rétheuil et d'Oulchy-le-Château (Aisne) avant les remaniements que le chevet de ces deux édifices a subis. Il ne reste plus qu'un dernier mot à expliquer, c'est le terme d'*occidentalem* par lequel Guibert de Nogent désigne l'ouverture qui donna accès à la foudre. Si l'église de Saint-Germer était bien orientée, ce mot s'appliquerait à une baie tournée du côté de la façade ; mais, si l'on observe que l'axe transversal de presque tous les anciens monuments religieux de la région oblique vers le nord-ouest, on est conduit à admettre que l'ouverture dont parle Guibert pouvait fort bien être placée sur une ligne perpendiculaire à l'axe longitudinal de l'église, et que le clocher se trouvait près de l'entrée du chœur à l'extrémité

---

1. Il convient de faire remarquer, à propos du sens de ce membre de phrase, l'étrange méprise du traducteur de Guibert dans la collection Guizot, qui, au lieu de s'apercevoir qu'il s'agissait de lattes fixées par des clous, a cru que c'étaient des lattes qui entouraient la clef de la porte du clocher.
2. Jusqu'en 1877, la baie qui faisait communiquer la nef de l'église de Rhuis avec l'intérieur du clocher était fermée par un vitrail ; mais, depuis cette époque, elle est bouchée par quelques pierres enduites de plâtre.

du bas côté droit. A l'appui de cette interprétation du mot *occidentalem*, il convient de faire remarquer également que l'église actuelle de Saint-Germer a dû être orientée de la même manière que les édifices antérieurs à sa construction [1]. Or l'axe transversal de ce monument dévie de 60 degrés vers l'ouest [2] au lieu d'être dirigé vers le nord.

Après ces observations préliminaires, le récit de Guibert de Nogent devient facile à comprendre. La foudre, après avoir frappé le coq et la croix qui couronnaient la tour latérale, incendie les lattes de la flèche en charpente [3] et arrive dans la cage intérieure du clocher. De là elle pénètre dans l'église par l'ouverture vitrée dont nous avons expliqué la place et qui se trouvait à la hauteur des fenêtres de la nef, en avant de l'entrée du sanctuaire. Elle atteint la clef de l'arc triomphal, renverse un crucifix placé sur la trabe ou poutre de gloire [4], se divise en deux globes de feu [5] et va frapper mortellement deux moines qui se tenaient chacun d'un côté du chœur, adossés aux pieds droits de la voûte [6].

Si l'église actuelle de Saint-Germer, qui n'a jamais eu de clocher latéral, ne reproduit aucune des dispositions que le texte de Guibert laisse entrevoir, les caractères archéologiques de

1. Ce fait peut être constaté d'une manière très précise à Saint-Denis. L'antique basilique de Dagobert, dont M. Viollet-le-Duc a découvert les substructions, était orientée dans le même sens que la vaste église actuelle. Cf. Viollet-le-Duc, *Dictionnaire d'architecture*, t. IX, p. 228.

2. Woillez, *Archéologie des anciens monuments religieux de l'ancien Beauvaisis*. Monographie de Saint-Germer, p. 10.

3. Quelques clochers du xie siècle encore intacts dans la région, tels que ceux de Rhuis, de Morienval (Oise) et de Rétheuil (Aisne), sont recouverts d'une courte pyramide en pierre ; mais beaucoup d'autres, comme celui d'Oulchy-le-Château (Aisne), furent toujours couronnés par une toiture en charpente peu élevée.

4. Ce fait nous paraît établi par les termes mêmes de la phrase de Guibert : *per arcum cui percussa imago suberat*. On sait du reste que l'usage des trabes remonte aux premiers temps du christianisme. Cf. Viollet-le-Duc, *Dictionnaire d'architecture*, t. IX, p. 196.

5. *Flamma labens in cemento arcus descendendo bifurcam nigredinis rigam fecit.* (Guibert, *loc. cit.*)

6. Ce chœur devait être recouvert en avant par une voûte en berceau et en arrière par une voûte en cul de four comme tous ceux des églises du xie encore intactes dans la région à Rhuis, à Sarron, à Saint-Léger-aux-Bois (Oise), à Berny-Rivière (Aisne) et à Binson (Marne). Le chœur de l'église de Morienval, bien qu'il soit entouré d'un déambulatoire, était également voûté suivant cette méthode au xie siècle.

l'édifice ne s'accordent pas davantage avec l'opinion de ceux qui ont voulu l'attribuer au XIe siècle. Pour démontrer cette dernière proposition, il n'est pas juste de prétendre que le plan de l'église actuelle ne peut appartenir à une période antérieure au XIIe siècle, parce que le chœur est entouré d'un déambulatoire. En effet, l'idée de prolonger les bas côtés autour du sanctuaire avait reçu plusieurs applications dès le XIe siècle, et, pour s'en convaincre, il suffit d'examiner les plans des églises de Morienval (Oise), de Vignory (Haute-Marne), d'Issoire, de Notre-Dame-du-Port à Clermont et de Conques en Rouergue[1].

Nous ne ferons porter la discussion que sur quatre éléments essentiels, les voûtes, les piliers, les profils et l'ornementation. Si l'église était du XIe siècle, sa nef ne serait pas voûtée, elle serait surmontée d'une simple charpente, suivant la méthode adoptée pour les monuments religieux bâtis vers la même époque à Montmille, à Rhuis, à Saint-Léger-aux-Bois[2] (Oise), à Oulchy-le-Château, à Vic-sur-Aisne, à Ressons-le-Long (Aisne), etc. Or la nef de l'église de Saint-Germer est recouverte de croisées d'ogives soigneusement appareillées[3]. Il suffit de remarquer que l'emploi des voûtes de ce genre était tout à fait exceptionnel au XIe siècle et que les rares croisées d'ogives contemporaines de cette période sont maladroitement établies sur des rectangles très étroits dans le déambulatoire de Morienval, pour avoir le droit d'affirmer que les architectes du pays étaient incapables au XIe siècle de voûter avec des nervures une nef large de 8^{m}40, comme celle de Saint-Germer. En outre, si ces croisées d'ogives remontaient à une époque aussi ancienne, leurs claveaux seraient garnis d'un seul boudin très épais, au lieu d'être ornés d'une gorge entre deux tores, profil qui n'a jamais été employé avant le XIIe siècle.

1. En décrivant l'église de Saint-Germer, M. l'abbé Corblet dit que « le prolongement des bas côtés autour du chœur se remarque dans une autre église du XIe siècle, celle de Saint-Germain-des-Prés. » Cet exemple nous paraît mal choisi, car le sanctuaire de cet édifice fut reconstruit au milieu du XIIe siècle et consacré par le pape Alexandre III en 1163.

2. La nef de l'église de Morienval (Oise), recouverte aujourd'hui de voûtes sur croisées d'ogives établies au XVIIe siècle, était surmontée d'une simple charpente au XIe siècle. Il en était de même dans l'origine de la nef de Saint-Germain-des-Prés à Paris.

3. Les voûtes des deux travées voisines du transept se sont seules conservées intactes jusqu'à nos jours; les autres voûtes s'effondrèrent en 1400 et furent reconstruites en bois.

Le plan des piliers de l'église porte également l'empreinte d'un style beaucoup plus perfectionné que celui du xie siècle. Pendant cette dernière période, les supports des grands édifices religieux de la région étaient formés d'un massif carré cantonné de quatre colonnes [1], ainsi qu'on peut le constater dans les nefs des églises de Saint-Germain-des-Prés à Paris, de Morienval (Oise), de Berny-Rivière et de Saint-Thibauld de Bazoches (Aisne). Les piles de Saint-Germer sont bâties suivant un système tout différent, elles se composent d'un faisceau de douze colonnettes engagées. Cette disposition ne fut jamais appliquée dans les églises du xie siècle; elle prit naissance dans le premier quart du xiie siècle à Saint-Étienne de Beauvais et à Cambronne (Oise), mais elle ne devint fréquente qu'après 1125, car les églises de Bury, de Foulangues, d'Acy-en-Multien, de Saint-Evremond de Creil, de la Villetertre (Oise) et de Chars (Seine-et-Oise), qui renferment des piles cantonnées de douze colonnes, sont certainement postérieures à cette date. Un autre caractère très précis de l'architecture du xie siècle dans la région, c'est l'absence de moulures sur l'intrados des grands arcs de la nef [2]. A Saint-Germer, au contraire, les claveaux de ces arcs sont garnis de cinq tores, donc ils ne peuvent être contemporains de ceux qui en sont dépourvus et leur décoration porte l'empreinte d'une époque moins reculée. Quant à l'ornementation des chapiteaux, elle n'offre aucun des caractères de l'art du xie siècle, puisque les feuilles d'acanthe en forment le principal élément. C'est en vain qu'on y cherherait les entrelacs appliqués sur les chapiteaux de Morienval et des ornements géométriques gravés en creux comme à Oulchy-le-Château et à Saint-Thibauld de Bazoches. Les sculpteurs du Beauvaisis ne savaient pas reproduire avant la première moitié du xiie siècle des feuillages semblables à ceux des chapiteaux de Saint-Germer. Enfin quelques autres détails peuvent encore faire ressortir toute la différence qui existe entre l'église de Saint-Germer et les monuments religieux du xie siècle. Dans les édifices qui appartiennent à cette époque, les tailloirs se com-

---

1. Dans les piles de ce genre, la colonne engagée du côté de la nef était uniquement destinée à porter l'extrémité des entraits de la charpente.

2. Cette particularité se rencontre notamment à Morienval, à Montmille, à Rhuis, à Saint-Léger-aux-Bois, à Saint-Rémi-l'Abbaye, à Cinqueux, à Breuil-le-Vert (Oise), à Oulchy-le-Château, à Vic-sur-Aisne, à Ressons-le-Long, à Berny-Rivière (Aisne).

posent d'un chanfrein en biseau surmonté d'un méplat ; à Saint-Germer, ils sont garnis d'un tore, d'une gorge et d'un filet, profil répandu à profusion dans toutes les églises du xiie siècle. Le tore inférieur des bases du xie siècle est parfaitement cylindrique, tandis qu'à Saint-Germer il est sensiblement aplati. Les moulures en coin émoussé qui entourent l'archivolte des fenêtres, les rinceaux et les feuilles d'acanthe de la corniche, les ornements des quatre branches d'ogives du chœur[1] font encore ressortir davantage la ressemblance complète de l'église de Saint-Germer avec d'autres monuments religieux du xiie siècle.

Ainsi les documents historiques qui concernent l'abbaye de Saint-Germer et les caractères de l'architecture de l'église ne peuvent justifier en aucune façon l'opinion de ceux qui regardent l'édifice actuel comme une construction du xie siècle. En combinant les renseignements donnés par les textes avec les principes de l'archéologie, on peut établir l'existence successive de quatre églises dans l'enceinte de l'abbaye. La première, comme nous l'apprend le *Gallia christiana*[2], fut bâtie par saint Germer lui-même en 655 et consacrée à la sainte Trinité. La seconde, élevée par l'abbé Anségise entre les années 807 et 833[3], renfermait des peintures décoratives et un autel orné de bas-reliefs en argent[4] ; elle fut détruite de fond en comble par les Normands en 906. La troisième, contemporaine du séjour de Guibert de Nogent à Saint-Germer, ne pouvait être antérieure à l'année 1036, ni postérieure à l'année 1104, époque où Guibert devint abbé de Nogent-sous-Coucy. Enfin la quatrième, qui existe encore aujourd'hui, est un édifice du xiie siècle. Nous allons essayer de préciser davantage l'époque de sa construction.

Il y a déjà longtemps que l'église de Saint-Germer a été attribuée au xiie siècle par divers archéologues, mais aucun d'eux n'a exposé les raisons qui l'avaient déterminé à adopter cette date

---

1. La riche décoration de ces nervures n'est pas un exemple unique dans la région ; l'une des croisées d'ogives de la nef dans l'église d'Acy-en-Multien (Oise) en offre un autre spécimen.

2. T. IX, col. 789.

3. Ces deux dates comprennent l'espace de temps pendant lequel Anségise fut abbé de Saint-Germer.

4. *In honorem SS. Trinitatis basilicam aedificavit, ante cujus aram tabulam argenteis imaginibus decoratam collocavit, ipsique arae crucem argenteam imposuit, universamque basilicam variis picturis decorari jussit.* Gallia christiana, t. IX, col. 709.

de préférence à la précédente. En 1840, M. de Caumont faisait remonter l'église au xii⁰ siècle [1] et il exprime de nouveau cette opinion dans son *Abécédaire* d'archéologie [2] : « La grande et belle église de Saint-Germer, dans laquelle la forme de l'ogive se dessine partout, est pour nous un monument de transition, bien que jusqu'ici, peut-être faute de documents suffisants, on en ait fixé la date au xi⁰ siècle. » M. Boeswilwald admet de même que « la grande église abbatiale a subi une transformation postérieure qui ne saurait en aucun cas remonter plus haut que le xii⁰ siècle [3]. » En 1868, M. Viollet-le-Duc expose en ces termes son avis sur cette question : « L'église abbatiale de Saint-Germer est, comme structure, en retard sur l'église abbatiale de Saint-Denis et sur les cathédrales de Noyon, de Senlis et de Paris ; elle appartient à une école moins avancée, qui tient encore par bien des points au système roman ; c'est pour cela que nous la mettons ici en première ligne, sinon par la date, car elle ne fut élevée qu'en 1160 [4], mais par le style [5]. » Enfin, dans le cours de l'année 1876, M. de Laurière, en racontant une excursion de la Société française d'archéologie à Saint-Germer, considère l'église comme « une œuvre de transition du milieu du xii⁰ siècle [6]. »

Pour avoir le droit de prétendre que l'église abbatiale de Saint-Germer remonte au milieu du xii⁰ siècle, il faut démontrer qu'elle ne peut appartenir ni au commencement ni à la fin de cette période. C'est ainsi que nous serons conduit à la conclusion de notre travail. Parmi les raisons qui s'opposent à ce que l'on attribue l'édifice au premier quart du xii⁰ siècle, il convient de signaler surtout les suivantes. Les nervures des croisées d'ogives appareillées à cette époque, qui se sont conservées encore intactes dans les bas côtés des églises de Saint-Étienne de Beauvais [7] et de

---

1. *Bulletin monumental*, t. VI, 1840, p. 172, et *Congrès archéologique*, XVIII⁰ session, tenue en 1852, p. 363.
2. *Architecture religieuse*, 4⁰ éd., p. 316.
3. *Archives de la commission des monuments historiques*, t. II, p. 2.
4. Nous ferons observer que cette date précise de 1160 n'est appuyée par aucun texte. Peut-être M. Viollet-le-Duc, qui connaissait à fond l'ouvrage de M. Woillez sur les monuments du Beauvaisis, a-t-il confondu la date de 1060, donnée par cet auteur, avec celle qu'il propose lui-même.
5. *Dictionnaire d'architecture*, t. IX, p. 277, note 2.
6. *Bulletin monumental*, t. XLII, 1876, p. 385.
7. Les voûtes de la nef de cette église ne sont pas aussi anciennes que celles des collatéraux, elles ont été reconstruites à la fin du xii⁰ siècle.

Béthizy-Saint-Pierre (Oise) et au-dessus de la nef de Cambronne (Oise), sont formées d'un gros tore parfaitement cylindrique comme au xi° siècle. Or, à Saint-Germer, celles qui recouvrent les collatéraux et le déambulatoire sont garnies d'un tore aminci en forme d'amande, profil inconnu dans la région avant 1125 environ et dont la petite église de Noël-Saint-Martin (Oise) renferme un des plus anciens spécimens[1]. Dans toutes les croisées d'ogives du premier quart du xii° siècle, le sommet des arcs doubleaux est toujours placé à un niveau inférieur à celui de la clef des nervures. Il est facile d'apercevoir cette disposition dans les églises de Cauffry, de Bailleval, de Bury, de Cambronne (Oise), de Dhuizel, de Berzy-le-Sec et de Laffaux (Aisne), tandis qu'à Saint-Germer la clef de tous ces arcs se trouve sur une même ligne horizontale. En outre, le constructeur de Saint-Germer fit un emploi systématique des arcs formerets dont les architectes des églises de Bury, de Saint-Étienne de Beauvais et de Cambronne n'avaient pas compris l'utilité. D'autres observations viennent encore à l'appui de notre raisonnement. Dans les monuments religieux de la région construits au commencement du xii° siècle, les grands arcs de la nef étaient encore dépourvus de moulures[2], suivant la méthode adoptée au xi° siècle, tandis qu'à Saint-Germer ils sont déjà recouverts de tores. Enfin la décoration de tous les chapiteaux taillés au début du xii° siècle se composait exclusivement de larges feuilles d'eau ou de plantes aroïdes et les sculpteurs du Beauvaisis ne firent pas usage à cette époque des feuilles d'acanthe, si répandues dans l'ornementation de l'église de Saint-Germer.

Si l'on doit se garder de trop rapprocher la construction de l'édifice du premier quart du xii° siècle, il faut également éviter de tomber dans l'excès contraire en reportant sa date à l'année 1160, comme le propose M. Viollet-le-Duc[3]. Il suffit en effet d'examiner plusieurs monuments contemporains de cette dernière date, tels que les cathédrales de Noyon et de Senlis, commencées

---

1. Cette moulure est appliquée sur la voûte du croisillon nord du transept.
2. Les églises de Saint-Étienne de Beauvais, de Béthizy-Saint-Pierre, de Cambronne, de Coudun, de Villers-Saint-Paul (Oise), de Dhuizel, de Berzy-le-Sec, de Laffaux, de Juvigny, de Vauxrezis, de Largny, de Fontenoy (Aisne) offrent des exemples de cette disposition.
3. *Dictionnaire d'architecture*, t. IX, p. 277, note 2.

l'une vers 1140¹, l'autre vers 1156², et le sanctuaire de Saint-Germain-des-Prés, consacré en 1163³, pour découvrir des différences notables entre leur structure et celle de l'église de Saint-Germer. A Noyon et à Senlis, les supports de la nef sont formés alternativement par des colonnes isolées et par des piles massives, destinées à supporter de grandes croisées d'ogives bâties sur plan carré; à Saint-Germer, tous les piliers sont cantonnés de colonnettes et les nervures sont établies sur un plan barlong. Dans les trois églises citées précédemment, les travées du chœur reposent sur des colonnes isolées, tandis qu'à Saint-Germer, cette disposition, appliquée dès 1140 à Saint-Denis, n'apparaît pas encore et les piliers du sanctuaire se composent d'un faisceau de huit colonnettes⁴. Les cathédrales de Noyon et de Senlis renferment des tribunes élevées et spacieuses, l'église de Saint-Germer ne possède qu'un triforium très bas, recouvert de voûtes d'arête. Ce dernier caractère, fort important à notre avis, montre bien que l'édifice devait être terminé vers 1150, car il serait impossible de citer dans la région quelques exemples de voûtes d'arête appartenant à la seconde moitié du XIIᵉ siècle.

En résumé, l'église abbatiale de Saint-Germer nous paraît postérieure à celle de Saint-Étienne de Beauvais et antérieure à l'époque où commencèrent les travaux des cathédrales de Senlis et de Noyon⁵. Nous croyons pouvoir fixer l'époque de sa construction d'une manière très précise entre les années 1130 et 1150. Un fait historique peut servir à expliquer la raison qui décida les religieux de l'abbaye à reconstruire leur église vers l'année 1130. Pendant les invasions des Normands, la châsse qui contenait le corps de saint Germer avait été transportée à Beauvais et les habitants de cette ville s'étaient toujours refusés à la restituer à l'abbaye, lorsqu'en 1132, Pierre, évêque de

---

1. Vitet, *Monographie de l'église Notre-Dame de Noyon*, p. 111.
2. Anthyme Saint-Paul, *l'Architecture religieuse dans l'arrondissement de Senlis*, mémoire inséré dans le *Congrès archéologique* tenu à Senlis en 1877, p. 258.
3. Guilhermy, *Description archéologique des monuments de Paris*, p. 136.
4. Ces piles semblent dériver de celles du déambulatoire de Morienval, qui sont formées d'un massif carré cantonné de deux colonnes.
5. L'église de Poissy paraît être contemporaine de celle de Saint-Germer; on y observe de même l'emploi simultané de la voûte d'arête et de la voûte sur croisée d'ogives.

Beauvais, consentit, sur les instances de l'abbé Eudes, à octroyer au monastère le bras de saint Germer[1]. Cette relique fit accourir une grande quantité de pèlerins, et la renommée de l'abbaye se répandit au loin, tandis que ses revenus s'accroissaient rapidement, grâce à la générosité de ses bienfaiteurs. Comme le nombre des moines augmentait de jour en jour, il devint indispensable de remplacer l'église qui existait du temps de Guibert par un édifice plus vaste et mieux approprié aux besoins du culte.

En attribuant l'église de Saint-Germer au second quart du xii° siècle, nous nous trouvons tout naturellement amené à rechercher quels sont ses caractères vraiment originaux, étant donnée l'époque où elle fut construite, et quelle influence elle exerça dans la région. L'architecte qui en dessina le plan ne fut pas le premier dans le nord de la France qui eut l'idée de prolonger les bas côtés autour du chœur, comme le pense M. l'abbé Corblet[2]. Cette disposition avait été appliquée précédemment dans les églises de Morienval et de Saint-Étienne de Beauvais. Ce dernier édifice, dont le chevet primitif était sans aucun doute entouré d'un déambulatoire[3], doit être regardé comme le prototype de l'église de Saint-Germer, mais il suffit de comparer les deux monuments entre eux pour comprendre les progrès que le constructeur de Saint-Germer fit faire à l'art pratiqué par ses devanciers. L'architecte de Beauvais s'était efforcé de surhausser la courbe en plein cintre des arcades de la nef, afin d'en placer le sommet au même niveau que la clef des nervures des bas côtés; celui de Saint-Germer, pour arriver au même résultat, adopta l'arc en tiers-point[4]. En outre, il remplaça les simples

1. V. l'article publié par M. Mathon dans les *Mémoires de la Société des antiquaires de Picardie*, 2° série, t. VIII, 1861, p. 359, sous ce titre : *Translation des reliques de saint Germer en 1132*.

2. *Mémoires de la Société des antiquaires de Picardie*, 1re série, t. V, 1842, p. 189.

3. Le sanctuaire de l'église Saint-Étienne de Beauvais a été reconstruit au xvi° siècle, de 1506 à 1545. Il est très regrettable qu'il ne reste plus aucune trace de l'ancien sanctuaire du xii° siècle, car ses dispositions auraient pu faire comprendre comment le type de déambulatoire inauguré à Morienval s'était transformé pour devenir à Saint-Germer une galerie spacieuse flanquée de chapelles rayonnantes.

4. Ce n'est pas à Saint-Germer que l'arc en tiers-point apparaît pour la première fois dans les travées de la nef; on trouve des exemples plus anciens de son application à Villers-Saint-Paul et à Cambronne (Oise), à Vauxrézis et à Laffaux (Aisne).

ressauts des arcs de Saint-Étienne par un profil plus élégant formé de cinq tores accouplés [1]. En reproduisant à Saint-Germer le triforium de l'église de Beauvais, il eut soin de le rendre plus léger au moyen d'un oculus ouvert dans le tympan. A partir de ce point, il s'affranchit de tout esprit d'imitation, car les baies rectangulaires qui éclairent le comble des tribunes et la galerie intérieure qui contourne l'édifice à la base des fenêtres présentent des dispositions originales. Mais le fait capital mis en lumière par l'examen attentif de l'église de Saint-Germer, c'est que l'artiste qui fut assez habile pour l'élever est le véritable inventeur de l'arc-boutant. Il avait compris les dangers de la poussée des voûtes sur croisée d'ogives, et il essaya d'y remédier en plaçant sous le comble des tribunes, au droit de chaque pilier, des arcs isolés qui s'appuyaient d'un côté sur le mur extérieur et de l'autre sur le mur de la nef. L'expérience ne lui avait pas encore appris que la poussée des voûtes de ce genre se résout en deux points différents placés l'un au-dessus, l'autre au-dessous de la retombée des nervures, et l'artifice qu'il avait imaginé ne pouvait contrebuter les croisées d'ogives d'une manière efficace [2]. Néanmoins, il avait découvert le principe de l'arc-boutant, en laissant aux constructeurs des absides de Saint-Remi de Reims et de Saint-Germain-des-Prés le soin d'en faire des applications plus savantes.

L'église de Saint-Germer servit à son tour de modèle à d'autres monuments religieux de la région, et il est facile de retrouver des preuves de son influence dans les églises de Saint-Évremond, à Creil (Oise), de Gamaches (Somme) et d'Eu (Seine-Inférieure). Mais l'église qui s'en rapproche le plus par son plan est sans contredit celle du village de Chars [3]. Située sur les limites du Vexin et du pays de Bray [4], elle offre, surtout dans l'abside, une ressemblance frappante avec l'église de Saint-Germer. On y

---

1. Ces moulures sont appliquées sur les travées qui occupent le côté nord de la nef; sur la face méridionale, les arcs sont garnis de quatre tores et d'un large méplat. Il est donc évident que le constructeur perfectionna le profil des grands arcs pendant le cours des travaux.
2. En effet, les arcs-boutants sont appliqués au-dessous de l'endroit où s'exerce la poussée des voûtes et leurs claveaux s'appuient sur des culées d'une épaisseur insuffisante.
3. Seine-et-Oise, arr. de Pontoise, cant. de Marines.
4. On peut évaluer à quarante kilomètres la distance qui sépare Chars de Saint-Germer.

remarque de même des piliers flanqués de douze colonnettes, des tribunes dont le comble est éclairé par des baies [1], un passage à la base des fenêtres hautes du sanctuaire et des bâtons brisés appliqués sur les grands arcs du chœur. Nous aurons soin de faire ressortir toutes ces analogies en publiant prochainement une monographie complète de ce curieux édifice.

Telles sont les observations que l'étude de l'église abbatiale de Saint-Germer nous a suggérées [2]. Nous aurions été heureux de produire un texte formel à l'appui de notre opinion; mais, après avoir vainement cherché pendant deux ans à en découvrir la trace, nous avons dû nous contenter d'exposer les résultats auxquels on pouvait être conduit par l'analyse et la comparaison. Cette méthode, qui n'avait pas encore été appliquée à l'église de Saint-Germer, offre de précieuses ressources pour déterminer l'âge des monuments dont la date certaine est inconnue.

1. Les baies rectangulaires de Saint-Germer sont remplacées à Chars par de petites rosaces; on sait que la cathédrale de Paris présentait dans l'origine une disposition identique.

2. On trouvera les relevés complets de l'église de Saint-Germer dans les *Archives de la Commission des monuments historiques*, t. II, et dans l'*Archéologie des monuments religieux de l'ancien Beauvaisis pendant la métamorphose romane*, par le Dr Eugène Woillez.

www.ingramcontent.com/pod-product-compliance
Lightning Source LLC
Chambersburg PA
CBHW060901050426
42453CB00011B/2073